美丽的雄县

主编 张晓东

编写委员会

名誉主任 张占良

主　　任 滕秋安

副 主 任 赵勇鸿 高再学 翟继祥

执行副主任 周振成 杨永强 乔亚斌

委　　员 张晓东 张德强 宋忠臣 王旭龙 王拥军

稿件统筹 张晓东

河北大学出版社
·保定·

美丽的雄县

MEILI DE XIONGXIAN

主　　编：张晓东
封面摄影：张伟明

出 版 人：耿金龙
责任编辑：王红梅
封面设计：杨艳霞
　　　　　赵　谦
责任印制：靳云飞

图书在版编目（CIP）数据

美丽的雄县 / 张晓东主编. -- 保定：河北大学出版社，2018.7
ISBN 978-7-5666-1372-1

Ⅰ. ①美… Ⅱ. ①张… Ⅲ. ①雄县－概况 Ⅳ. ①K922.24

中国版本图书馆CIP数据核字(2018)第168957号

出版发行：河北大学出版社
　　地址：河北省保定市七一东路2666号　邮编：071000
　　电话：0312-5073033　0312-5073029
　　邮箱：hbdxcbs818@163.com　网址：www.hbdxcbs.com
印　　刷：保定市文昌印刷有限公司
幅面尺寸：185 mm × 260 mm
印　　张：3.75
字　　数：38千字
版　　次：2018年7月第1版
印　　次：2018年7月第1次印刷
书　　号：ISBN 978-7-5666-1372-1
定　　价：13.00元

序　言

我们的家乡——雄县，古称雄州，是一个物阜民丰、人杰地灵的地方。雄县历史悠久，文化灿烂，底蕴深厚。浩瀚的白洋淀承载了多少水乡的厚重文化，燕南赵北的边界又积淀了多少春秋战国以来的诗意和豪情；后周世宗柴荣曾在瓦桥关筑牢了雄州的根基，宋辽时期的边关地下长城蕴藏了杨家将的爱国和忠义。

历史曾经给人们以深沉的记忆。燕桓侯徙都时，受山戎族骚扰，把燕国的都城迁移到了濒临易水的雄县，并构筑了燕国南长城。汉代公孙瓒听信童谣“燕南垂，赵北际，中央不合大如砺，唯有此中可避世”，在这里建立了易京城。到了唐代，这里又设立瓦桥关雄踞千载。由于石敬瑭割让燕云十六州，后周世宗柴荣亲征伐辽，取瓦桥关置雄州，雄州的名字始于此。宋朝使臣曹利用两次来到雄州狄夏台（现在的东狄头村）与萧太后和谈，一纸协议，不仅使两国罢战，还在边境建起榷场，人们才开始有了频繁的贸易往来。那修建多年的古战道，记载着宋辽将士厮杀的场景；大桥西的焦赞墓埋葬着大将焦赞的英魂。如果说大、小雄山曾经是雄县的象征，那么十二座连桥则是贯穿南北的必经之路。

明代洪武年间至永乐年间的大移民，使这里多了八十多个移民村，把雄州建制推到了一个历史的高点。雄州八景诗，是明代魏纶的杰作；清代雄州女诗人王淑昭，仿佛南宋女词人李清照的化身。到了清代，康熙、乾隆皇帝曾经多次来到白洋淀。清乾隆年间，双堂村的武状元钱治平曾经打遍天下无敌手，茫茫口村的榜眼常鸣盛因战功而诰封武显将军。

当历史的一页翻到抗日战争时期，无数革命先烈的鲜血染红了雄县的土地，刘秉彦和旷伏兆两位开国将军生前曾战斗在这片热土，死后也埋葬于此，践行了他们的“生死约定”。烈士陵园里多少烈士的英魂在此守望着家乡，注视着家乡点点滴滴的进步。

华北地热田带给人们温暖的享受。“雄山日照霭晴烟，鬼刳云根迸出泉。”雄县的温泉在明代魏纶的诗中就有所歌颂，“中国温泉之乡”的美誉源远流长。塑料制品产业使人们奔向了小康，雄县有了“中国北方塑料软包装基地”之称。雄县古玩曾经蕴藏了多少风情与经典，仿古石雕让张岗乡成为石雕之乡。陈子正曾使鹰爪翻子拳传到东南亚；雄州古乐，那美妙的旋律让人听醉了几百年。

2017年4月1日，中共中央国务院决定设立河北雄安新区，雄县迎来了千载难逢的发展机遇。2018年4月20日，原属任丘市的鄚州镇、苟各庄镇、七间房乡加入到雄安新区的大家庭中。“无文化传承，无雄安未来”，保护和弘扬优秀传统文化，延续历史文脉，要求孩子们从小就对家乡历史有所了解，知道家乡的根脉所在。这样，他们无论在何时何地都会永远记住他们的“根”在哪里。

“一方水土养一方人”，是这方水土养育了我们。我们没有理由不了解这方水土，我们没有理由不热爱这方水土。正是基于此，雄县教育局和新华书店联合组织编写了“雄县乡土文化系列图书”。本系列图书的出版是雄县教育史上的一件大事，它丰富了我们的课程资源，使全县中小学在三级课程的实施上迈出了一大步。本系列图书的出版更是雄县文化建设上的一大幸事，雄县地方文化以强有力的形式进入课堂，将通过一代又一代的雄州学子永久传承。愿这些图书帮我们的孩子认识我们脚下的土地，认识我们的“根”，为我们的孩子奠定一生成长的坚实而丰厚的精神根基。

《美丽的雄县》从家乡的河流、村庄、名人、古建筑、古八景入手，描摹了一幅幅迤逦的画卷；从古乐、戏曲、黑陶、仿古石雕、剪纸、民间花会等方面入手，展示了一道道艺术盛宴；以儿童的口吻从《雄安——您好》的诗歌中，憧憬着新区的美好未来。美丽的雄县，已经张开了腾飞的翅膀。

编写委员会

2018年6月

目　录

第一单元　家乡概况

一、我们的家乡叫雄县

雄县词人李如会老师曾经写过这样一副对联：“五湖三江，唯此为淀；十府六郡，有谁称雄。”

◎ 雄州牌楼　郑金茹 摄

◎ 白洋淀　陶克华 摄

同学们，你们知道这副对联的意思是什么吗？

在这副对联中，“雄”指雄县。

在全国两千八百多个县中，雄县傲视群雄。

雄县，古称“易”“归义”“雄州”。后周显德六年（959年），后周世宗攻取瓦桥关、益津关、淤口关，诏令在瓦桥关设立雄州，益津关设立霸州。雄霸二字取“威烈”之意。可见“雄”这个名字已有一千多年的历史了。所以，雄县被中华人民共和国民政部命名为“千年古县”。

在这副对联中，“淀”指白洋淀。在全国所有的内陆湖泊中，白洋淀独树一帜。这里景色优美——春水烟波浩渺，长堤烟柳吐翠；芦苇丛中野鸭戏水，荷叶托着露珠翻滚；荷香阵阵，吸引着蜻蜓翩翩起舞；小船穿梭在水墨画里，渔民撒网，

◎ 雄县县政府广场　陶克华 摄

鱼虾欢蹦乱跳。

2017年4月1日，党中央、国务院宣布设立雄安新区，我们可高兴啦！

二、流过家乡的河流

流过我们家乡的河流主要有两条，一条叫大清河，一条叫赵王河。

大清河是雄县的母亲河，她发源于太行山麓的涞源县，经易县紫荆关、涞水蓬头，于铁锁崖分为两支。一支为北拒马河，流经今北京市房山区，河北省涿州市、固安县、高碑店

◎ 大清河　郑金茹 摄

市，在白沟与南拒马河汇流；另一支称南拒马河，流经河北涞水县、定兴县、容城县、高碑店市，在白沟西与北拒马河汇流。南、北拒马河汇流后称大清河，然后流向文安县，经天津入海。

大清河过去常年有水，除汛期外，每年水深一至三米不等，是雄县客货运输的主要航道。20世纪80年代以后，由于气候变化等原因，大清河变成了季节河。

大清河是雄县几代人挥之不去的记忆，近几年政府投资修缮河道、美化亮化河堤，修建了清河公园和文昌公园，大清河又逐渐美了起来。

雄县的另一条主要河流是赵王河。赵王河的上游是府河，经安新县安州东北流入雄县，再经过县南部穿文安县史各庄入新镇，汇合大清河，经天津入海。

新盖房分洪道是大清河北支洪水的主要泄洪通道。自新盖房枢纽起至雄县陈家柳扬水站止，全长三十二公里。下经溢流洼进入东淀。分洪道始建于1951年，左堤为主堤，长三十二公里，顶宽八米；右堤为次堤，长三十二点三公里，顶宽八米。两堤间距七百至二千七百米不等。受气候等多方面因素的影响，20世纪90年代以后分洪道基本处于干枯状态。

雄县过去还有众多的季节河，如瓦济河、芦僧河、西槐河等，现在已经干涸，有的还能看到古河道遗迹。曾经有许多村名都是因河而起，如大谢、小谢、南涞河、北涞河、北沙口、南沙口等村。

◎ 文昌公园　郑金茹 摄

◎ 清河公园　郑金茹 摄

三、记住我们的村庄

雄县作家宋忠臣有一首《雄县地名歌》，请同学们认真读一读，然后找出你家的村子在哪一句里。

一县六镇连三乡，三湾六河十四岗。
两城三关营十四，五楼四台七个堂。
五码九头七个口，一窝十铺三处房。
四槐三杨六棵柳，一阴五阳八各庄。
南北相配有八对，东西相对十四双。
大小开头共六对，三个马浒两个场。
一寺一园一庄户，一桥一道一条巷。
单字村名有七个，孙冯邢崔张高王。
带庄村名三十八，乐善仁义米宁黄。
高辛胡辛南庄子，李林里合昝王庄。
刘孟邢周杜杨相，张方韩袁贾田常。
两董两徐三个马，沙辛高陈许龙王。
米西加上八洋庄，还有五村没编上。

浒州东照和西昝，再加王储与王祥。
村大多划行政村，四龙四道四张岗。
三板三铺三青口，四昝四开四八洋。
四街四铺四李广，两个庄子俩塔庄。
四个临河三七里，一个城东仨城西。
一杜营，一角口，一个韩村一古州。
五召村，三枣林，宗佐清河俩刘村。
一将庄，两里长，大大小小八各庄。
四梁沟，四大坞，一个刘庄称大树。
郝各庄，三各庄，三冢辛口七间房。

◎ 龙湾村古槐　郑金茹 摄

怎么样？很有趣吧！回家就请读给你的家人们听一听吧。

雄县村庄的来历大概分下面这么几类：

一是和水有关。历史上雄县河汊纵横，湖泊遍布，所以好多村子和水有关，如张清口村、茫茫口村、开口村、上岔河村、南涞河村、北涞河村、板家窝村、八洋庄村等。

二是和澶渊之盟后的边关贸易有关。雄县处在宋辽边境，好多村子和边关贸易有关，如道务村、马务头村、米家务村。

三是和明初移民有关。宋、元、明初，雄县战争不断，灾荒严重。明初，很多人从山西洪洞县大槐树底下集合后迁移到雄县各地，并形成了村落，如西槐村、东槐村、西王槐村、东王槐村等。

四是清军入关后留下的村子，如北营村、蛮子营等。

请同学们认真调查一下，回家问一下爷爷奶奶、爸爸妈妈，弄清你家村子的来历，说给同学们听。

◎ 百年老屋一处　郑金茹 摄

四、雄县名人

雄县人杰地灵，名人辈出，下文仅举几例。

扁鹊，原名秦越人，渤海郡鄚（今河北雄安雄县）人。战国时期名医，医术精湛高超，被推崇为中医脉学的倡导者，开启了中医学的先河。相传著名的中医典籍《难经》即为其所著。被世人称为黄帝时的神医“扁鹊”。

孙连仲（1893—1990），雄县龙湾人，抗日名将。1938年3月参与指挥了驰名中外的台儿庄战役，获台儿庄大捷。1945年10月，以十一战区司令长官兼河北省政府主席身份代表国民党中央政府在北京太和殿主持华北战区日军受降仪式。

方殷（1913—1982），原名常中元，雄县茫茫口村人，著名诗人。1926年就读于南开中学，1932年在北平求学期间加入中国共产主义青年团，开始诗歌创作活动。1933年加入中国左翼作家联盟北平分会。1935年积极参加“一二·九”运动。1938年到达延安，进入鲁迅艺术学院学习。与郭沫若、臧克家等一起从事抗日救亡宣传工作，创作了大量诗歌。

徐光耀（1925—），雄县段岗村人，著名作家。1938年参加八路军，同年加入中国共产党，参加了抗日战争、解放战争和抗美援朝战争。1953年加入中国作家协会。出版长篇小说《平原烈火》，中篇小说《小兵张嘎》《冷暖灾星》，短篇小说集《望日莲》，散文集《昨夜西风凋碧树》《忘不死的河》等。1963年拍摄的电影《小兵张嘎》影响了几代中国人。

李如会（1935—2012），别号瓦桥词人，雄县孙各庄村人，词作家。中国音乐家协会会员，中国音乐文学学会会员，中国白洋淀诗书画院顾问，河北省音乐文学委员会副会长，河北省作家协会会员。出版词集《甜美的歌》《李如会歌词选》《小伙伴之歌》《开花的日子》，歌曲集《童心曲》，音带专辑《公民道德组歌》《我们在行动》，卡通光碟《道德童谣》等。《拾豆豆》《捡贝壳》等七首歌曲入选小学音乐课本，三百多首作品在全国及省市获奖。

刘锦云（1938—），雄县口头村人，著名剧作家。1963年毕业于北京大学中文系。中共党员，中共十五大、十六大代表，第十一届北京市人大常委会常委。历任北京人民艺术剧院编剧、院长，党委副书记、书记。现任中国戏剧家协会顾问。1963年开始发表作品。1983年加入中国作家协会。著有中短篇小说集《笨人王老大》（合作），短篇小说《在希望的田野上》《途中》，中篇小说《茫茫口》，多幕剧剧本《山乡女儿行》（合作），独幕话剧剧本《毕业前夕》（合作）、《春天的故事》（合作）等。还创作有《狗儿爷涅槃》《背碑人》《乡村轶事》《杀妃剑》等剧本。其中《笨人王老大》（合作）获1980年优秀短篇小说奖。

富
强
民
主
文
明

◎ 白沟（雄县）高铁站广场　谢克俭 摄

胡荫樟（1906—1989），又名胡蔚乔，雄县道务村人。民国初年入京华美院中国画系，师从吴镜汀先生习画山水，毕业后留校任教。其山水画自成一家，在全国美术大展中连获殊荣，作品被中外收藏家珍藏。原民国政要李宗仁先生非常喜爱其作品，亲临其画室观画，如获至宝，多次专门将其接到家中作画。著名书法大师启功、内蒙古自治区美协原主席关和樟等在京华美院求学时皆师从胡荫樟先生。中华人民共和国成立后，胡荫樟先生任教于内蒙古师范学院。中国美术家协会主席刘大为、中国当代工笔画学会副会长胡勃等都曾在内蒙古师范学院师从胡荫樟先生。

田伯平（1958—），雄县老岗村人。毕业于原北京广播学院（现为中国传媒大学），北京书法家协会驻会副主席兼秘书长、中国书法家协会理事、北京市委党校成教学院艺术总监。部分作品被人民大会堂、中国美术馆、首都博物馆、重庆红岩纪念馆、新加坡大世界广场、日本中日美术馆收藏。“神舟六号”“神舟七号”飞船曾搭载其书法作品遨游太空。

第二单元　雄县古迹

一、雄县的古建筑

雄州古城原有四大古建筑，即瓦桥关、圆通阁、慧光阁、雄文阁，后全部于1946年拆毁，现已无存。

瓦桥关，又名火帝阁，原址在南关大街中段，跨越大街中心，南面嵌有“雄关”两个大字。关上有庙，南祭文昌，北祭火神。瓦桥关与益津关、淤口关并称“三关”。

圆通阁，原址在铃铛阁大街与温泉路十字路口西北角，建于明朝永乐十三年（1415年）。因廊檐上挂有许多小铃铛，故又称铃铛阁。20世纪80年代，县政府把紧邻其南面的大街命名为铃铛阁大街，一直沿用至今。

慧光阁，又名白衣阁，原址在南关大街南段路西，建于明朝万历三十三年（1605年），为祭祀观音的场所。

雄文阁，又名文昌阁，原址在龙宫街中段，建于明朝天启五年（1625年），为祭祀文昌的场所。20世纪80年代，县政府

◎ 宋辽古战道　郑金茹 摄

把北环路命名为文昌大街，一直沿用至今。21世纪初，县政府在大清河西部修建了一个公园，并把它命名为文昌公园。

雄县的古城墙是围绕全城的土城墙，高十一点七米，宽五米，全长四千五百二十五米。该城墙为北宋景德年间（1004—1007年）修建，现仅在县城内汇森小区内尚存一小段城墙。这段仅存的城墙长七十米左右，高三米左右，静卧在高楼林立的小区中。

宋辽边关古战道，修建于宋朝，起点为县城内八角琉璃井，向东北经邢村大台，一直到祁岗，并延伸至霸州、永清，东西长达六十五公里。邢村大台下的古战道内部结构复杂，有藏兵洞、议事厅、迷魂洞、通气孔等设施。最高处三米，最低处不足一米，被誉为中国宋辽史上的“地下长城”。

◎ 宋辽古战道　陶克华 摄

二、雄州古八景

据史料记载，“雄州八景”之说产生于明朝嘉靖年间(1522—1566年)。八景分别是雄山晚照、易水秋声、石罅甘泉、瓦桥夜月、望山云树、吕庙烟波、柳溪垂钓、莲浦晴游。

历史上，雄州城西南一公里处有一座山，名大雄山，又名望山。雄山是宋辽对峙之时宋朝为防辽兵而人工堆砌而成的。

◎ 温泉城观光塔　谢克俭 摄

大雄山巍然屹立于平原之上，它西北仰望太行，东南俯瞰渤海，每当日落西山之时，夕阳晚照，烟笼碧野，霞光满天，于是人们就把此景称为“雄山晚照”。

易水为燕国和赵国的分界线。当年燕太子丹派荆轲出使秦国刺杀秦王，荆轲在易水旁唱着“风萧萧兮易水寒，壮士一去兮不复还”辞别众人，大家掩面而泣。荆轲刺杀秦王未成，但其舍生取义、杀身成仁的英雄气概却气贯长虹，感动后世，于是人们就把此景称为“易水秋声”。

在县城东南约五百米处的小雄山上，一处石头的裂缝下有

甘甜的泉水，山泉很深，富含矿物质。小雄山上，绿树成荫，苍苍郁郁，雾气笼罩，宛如仙境，于是人们就把此景称为“石罐甘泉”。石罐甘泉可能就是雄县早期的地下温泉。

瓦桥又名瓦济桥，即雄州旧关，在雄州城南关大街中段。瓦桥关始建于唐朝末年，是历史上的一座名关。宋辽对峙之时，杨六郎把守三关口，瓦桥关即是其一。人们站于其上，仰观大小雄山，俯视大清河，总会生出万千感慨。当夜深人静的时候，弯月斜挂，月色倒映在平静的河水中，瓦桥平静庄严，于是人们就把此景称为“瓦桥夜月”。

◎ 温泉城码头 陶克华 摄

◎ 温泉城一角　谢克俭 摄

大雄山上有一亭子叫望山亭，元朝元统二年（1334年）雄州太守徒单公建造，四十年后继任者完颜公重修，改名为均乐亭。在这斗拱飞檐的亭子里，望着大雄山上白云映衬下郁郁葱葱的树木，就像走进了一幅浓墨重彩的山水画卷，于是人们就把此景称为“望山云树”。

吕庙即吕祖庙，又名吕仙祠，是传说中八仙之一吕洞宾之庙，庙址在城南的南十里铺村北。过去这里有一片大淀，叫窝罗淀。此淀方圆三四公里，碧波荡漾，圆圆的荷叶捧着晶莹的露珠，在微风中摇曳，水鸟在芦苇丛中穿梭。吕庙就建在窝罗淀边，庙里的钟声伴着旖旎的风光，是古雄州不可多得的一处美景，于是人们就把此景称为“吕庙烟波”。

柳溪在雄县城南，是万柳堤旁流淌的溪水。万柳堤全长五点五公里，在燕赵交界处立有分界碑，一面书“燕南赵北”，一面书“碧汉层虹”。十里长堤，蜿蜒曲折，像一条带子在林中飞舞，堤下清澈的溪水映照着堤上茂密的垂柳，溪水潺潺，波光粼粼。溪旁常有文人墨客休闲垂钓。于是人们就把此景称为“柳溪垂钓”。

莲浦即莲花淀，位于雄县县城西南一点五公里处的董庄村。莲花淀是一个大淀，方圆十五公里，汪洋浩瀚，水天一色，是白洋淀中最好的观荷胜地。淀中的各色荷花，在碧绿的荷叶的映衬下，格外芬芳清丽，沁人心脾。游人乘船在淀中游览，如入仙境。于是人们将此景称为“莲浦晴游”。

三、鄚州大庙

一提起鄚州，人们自然会想到那句流传了几百年的俗语“天下大庙数鄚州”。鄚州大庙是鄚州人的骄傲，因为这里供奉的是战国时期著名医学家扁鹊，而扁鹊生在鄚州，长在鄚州，是地地道道的鄚州人。

在古代，人们将扁鹊尊称为药王，所以鄚州庙也叫“药王庙”。鄚州大庙还叫“扁鹊祠”，因其前身是扁鹊的祠庙和衣冠冢。原鄚州扁鹊祠位于鄚州镇古州村北一千米处。神医扁鹊在周游列国期间被人杀害，家乡人为纪念他，在其故里古州村建造了一座衣冠冢，世代祭祀。到了元代，达鲁花赤野仙乞实迷儿进义“因偶病梦扁鹊赐药”，亲自主持在扁鹊衣冠冢前建造了一间祠堂，称为“扁鹊祠”。明万历十九年（1591年）至万历二十一年（1593年）扩建后始具规模，鄚州庙会也因此兴起。清康熙年间（1662—1722年），鄚州庙会达到鼎盛。但因鄚州庙香火极盛，主要建筑物又是木质结构，鄚州大庙因此曾毁于大火。1992年，任丘市政府重建鄚州大庙，名曰“扁鹊祠”。

说鄚州大庙是鄚州人的骄傲，还因为鄚州庙会历史悠久，

◎ 鄚州大庙　刘向阳 摄

文脉绵长，在几百年的传承中积淀了丰厚的文化内涵。

"北京人全，鄚州货全"，这是明清时期鄚州庙会的盛况。2009年，鄚州庙会入选河北省第三批省级非物质文化遗产名录，更彰显了鄚州庙会的独特魅力。据《任丘县志》记载，鄚州庙会兴起于明万历二十一年，这一年，大庙建成，明神宗钦命设立鄚州庙会。传说扁鹊的生日为农历四月二十八，故定每年四月为庙会期。此后，庙会日益兴旺，时间逐渐演变为正月十五、四月十五、九月十五，这样每年就有三次庙会。庙会的兴盛带来了鄚州经济的繁荣，鄚州因此成为北方著名的商品集散地。

现在，每年农历正月十五鄚州庙会最热闹，虽然不能排除一些人有封建迷信心理，但更多的人是图个热闹，寻个开心，因为庙会过后，人们也就该开始迎接新一年的紧张与忙碌了。

（本节为鄚州中学李冬艳所著）

第三单元　雄县艺术

一、雄州古乐

雄州古乐起源于明朝洪武年间（1368—1398年），和宫廷音乐有着很深的渊源，是北乐派系的民间鼓吹乐，明清两代最为兴盛。雄州古乐的曲目均为古曲，世代流传于雄县广大农村地区。

自清末到民国，频发的战乱使民间古乐演出几经中断，后经无数民间艺人的保护传承，这一宝贵的文化形式才得以恢复繁荣。中华人民共和国成立后，雄州古乐有过一段短暂的繁荣时期，后来因受其他文化和现代生活方式的冲击，雄州古乐举步维艰，处于濒危状态。

雄州古乐繁荣时曾有民间音乐会二十余家，目前活跃的有亚古城、开口、赵岗、杜庄等村音乐会。它们有的为道传，有的为佛传，各具特色。

2006年，雄州古乐被列入河北省非物质文化遗产名录；2008年，被列入第二批国家级非物质文化遗产名录。

◎ 雄州古乐演奏现场　郑金茹 摄

在演奏曲目的具体分类上，雄州古乐主要有文场套曲、开堂曲、散曲等。其中，文场套曲有《孔子探颜回》《菩坛咒》等；开堂曲有反调《小花园》《大走马》等；散曲有《挑袍》《讨军令》《四季》等。这些曲目文辞典雅，大悲大喜，颇具特色。

雄州古乐的武场从开堂钹始，至钹头收，共七节，高亢激昂，令人耳目一新。

开口音乐会是文武乐兼备的道传北乐，现存工尺谱集一部。其中，大套曲五部（《骂玉郎》《回雪》《孔子探颜回》等）、小曲八十余首、会论一部、河西钹一部。

杜庄音乐会始创于明代洪武年间，由雄县中岔河大寺高僧传授至杜庄，杜庄杜印龙前辈首学首创，传与徐水县何姓师傅

◎ 雄州古乐演奏现场　郑金茹 摄

发展传承。清末时音乐会因战乱中断，后经徐水县站里村何姓师傅传授杜庄李振清后复传；再经李振清在本村代代相传，至今已历十四代。杜庄音乐会完整地保存了大量古谱，分为文武曲，其中文曲有《倒金灯》《菩坛咒》等六十首，武曲有《粉蝶子》《七节》等四部。

杜庄音乐会自明清以来，以道教为主脉，融佛、道、儒之精髓为一体，演奏音律准确，格调高雅，形式多样，韵律优美。

赵岗音乐会始于清乾隆年间（1736—1795年），由佛教曲、道教曲、民俗曲组成，传承的乐曲和谱式可追溯到唐朝晚期。该会至今还保留着民国三十一年（1942年）手抄古谱一本。

雄州古乐曲目均是历经几百年世事沧桑而保留下来的古曲，较完整地保留了传统民族音乐的原有风貌，是研究民族古典音乐的宝贵资料，具有极高的历史文化价值。

二、武术之乡

我们的家乡雄县，是远近闻名的武术之乡。

雄县自唐代以来，就有练武习俗，明清时期最为兴盛，曾出过武进士二十三人，武举人七十四人。清末至民国时期又涌现出国隐东、董宪周、刘士俊、刘成友、李殿荣、高振东、陈子正、刘法孟、姚建华、刘淑云、刘振武、陈国庆、鲍希勇、刘汝池、徐静波等七十六名武术名家。

中华人民共和国成立后，流传于本县的主要有少林、翻子、鹰爪翻子、形意、太极、晋子、洪拳、锦张等八个门派。其中，鹰爪翻子拳影响最大。开口、孤庄头、李林庄、宫岗、十里铺、常庄、狄头、葛各庄等村习武者较多。

鹰爪翻子拳始创于清末，兴盛于民国初年。鹰爪翻子拳作为中华武术优秀名拳“八闪翻”繁衍出的新拳种，经过我国著名武术大师陈子正先生几十年的研究、实践，逐步发展成名震拳坛的卓越拳术。

陈子正先生1919年在上海精武总会任教，任副会长，是和霍元甲同时期的武术名家。在擂台上，将德国大力士艾茨坦尔打

◎ 郭跃进舞春秋刀　李锋 摄

败，名震华夏，大壮国威。

鹰爪翻子拳作为国家级非物质文化遗产，在我县孤庄头、李林庄等村得到很好的传承。

目前，以“雄州三杰”——郭跃进、潘向阳、刘乐民为代表的一批武术家，自幼习武，精通鹰爪翻子拳、八极拳、花拳、八盘掌、螳螂拳、少林五虎、京津跤术等。他们多次在国际国内大赛中夺得金牌。

他们不仅自己好武、习武，而且积极在民间推广，为雄县武术的传承发展起到了重要作用。

郭跃进、潘向阳、刘乐民被雄县教育局聘任为雄县中小学武术教练，编排鹰爪翻子拳各种套路，为雄县武术走进校园做出了极大贡献。

三、戏曲之乡

雄县是有名的戏曲之乡。

早在1784年，龙湾村就组建了“三牛班”（杨牛子、刘牛子、邢牛子为首的业余剧团），在露天剧场进行营业性演出，演出的剧种为高腔。

1901年后，板家窝、韩庄、南大阳等村引进“秧歌”“哈哈腔”“老调”“丝弦”等地方戏，逢年过节给本村或四邻八村演出。

1918年后，昝岗镇“德盛合”，龙湾村“孟嘉言”“荣庆和”，大步村“华盛合”“隆兴会”，马务头“仁和”等业余剧团相继组建。

中华人民共和国成立初期，全县有业余剧团六十二个，其中河北梆子剧团三十六个，评剧团十八个。1961年，雄县组建了豫剧团。

中华人民共和国成立前，全县有三百余名专业演员，其中名气大的有著名京剧表演艺术家李吉瑞、李永利、李万春，河北梆子表演艺术家韩俊卿、马义良、李仲林，后来又涌现出了王宝月、李同来等三十多位戏曲名家。据1998年的统计数据，中国京剧院、北京京剧院、北京市河北梆子剧团、天津河北梆子剧团等二十六个省级以上的剧团中有雄县籍艺术骨干七十八人。

◎ 将台路公园　柴志 摄

四、温泉之乡

2006年4月28日，中国矿业联合会通过严格的考察和评审，将雄县命名为“中国温泉之乡”。雄县是华北地热资源最丰富、开发利用最好的地区，具有采灌结合、循环开发的条件。经国家地矿部和中国科学院等单位勘探论证，雄县境内地热田面积达三百二十平方里，占全县总面积的百分之六十；地热水储量达八百二十一点八七亿立方米，埋层一般在五百至一千二百米；出水温度一般为五十五摄氏度至八十六摄氏度，为氯化物碳酸钠型水，矿化度达到每升一千一百一十二毫克；内含锂、溴、碘、氟等多种微量元素，达到国家“医疗热矿水”标准。

近年来，雄县县城及周边多个乡镇依托地热资源开发，将燃煤取暖改为地热取暖，实现了冬季取暖无烟化转变，雄县成为名副其实的“无烟城”。

◎ 中国温泉之乡　张德强 摄

五、雄县黑陶

陶器是早期人类重要的生产生活用具。中华黑陶工艺源于古老的河姆渡文化、大汶口文化和龙山文化，至今已有七千多年的历史，后因青铜器的出现而被取代。

黑陶制品由人们的生活日用品逐步发展成古朴、庄重、优

◎ 雄县黑陶　郑金茹 摄

美、高雅的艺术品。

雄县黑陶属于无釉陶器，以当地纯净细腻的红胶土为原料，经过手工拉坯成型、晾晒、轧光、画线、雕花等多道工艺程序，以独特的烧结工艺制作而成，具有色如墨玉、声如钟磬的特点，是不可多得的艺术珍品。

孤庄头村1986年创办了雄县第一家黑陶厂，研制出了乌黑、银灰、紫靛等上百种色泽的四百六十多种产品；形成了仿古、现代、民族、西欧等多种流派、多种风格，不仅具有悠久的历史文化特色，还展现出浓郁的现代气息。黑陶已经成为雄县民间艺术中的一朵奇葩。

六、仿古石雕

雄县张岗乡是远近闻名的仿古石雕之乡。2014年，雄县被中国文联、中国民间艺术家协会命名为“中国仿古石雕文化之乡”。就全国而言，“石雕之乡”为数不少，但加以“仿古”二字的就凤毛麟角了。

中国有句俗话“靠山吃山，靠水吃水”，雄县张岗乡地处平原，远离山区，却与石头打上了交道，而且还形成了一个产业。张岗乡成规模的仿古石雕企业有近百家，分布在北京、上海、浙江等地的店铺摊点有二百多个。产品不仅行销全国，还销往北美、西欧、韩国、日本等地，年产值三点五亿元。全乡的仿古石雕从业者有两千余人，与之相关的服务运输人员有一千余人，为当地农民开展多种经营、拓宽致富渠道提供了重要保障。更值得一提的是，张岗乡现有专业技术人员三百多人，其中获得“民间美术大师”称号的就有十几人，这在其他行业是少见的。

张岗的仿古石雕出现于明清，兴盛于民国，是近代石雕艺术中不可或缺的一部分。

20世纪70年代末，仿古石雕随着古玩市场的兴起而逐渐复苏，随着文物修复热潮的出现而逐渐强盛，1985年后逐步形成了集市。张岗乡政府因势利导把其扩展成古玩市场。2007年，雄县县政府高度重视这一产业，将市场迁到县城。随着古玩市场的声名鹊起，全国各地的玩家、爱好者、收藏家纷纷涌来，收藏家马未都、著名相声大师马季都曾来雄县选购。需要说明一点，由于雄县人常在北京潘家园附近的小树林里交易古物，久而久之形成小市场，再后来那里建成了潘家园古玩市场。

古玩市场的崛起也培养造就了大量不同类型的人才，如鉴评行家、修复行家等，也出现了仿古瓷器、木雕、竹雕、角雕、铸铜等专业人才。特别是仿古石雕行业，人才济济，其产业、规模大大超过了古玩业，进而成为一个新的行业。

2014年，在雄县政府组织的仿古石雕之乡专家评审会上，著名专家、河北省民间文艺家协会主席郑一民说："今天这个评审会，就是给'仿古'二字正名，这是文化，是艺术，是科学，不是造假，是中国人民在恢复历史文化过程中的智慧结晶。从今天起，要理直气壮地说'仿古'。"

仿古石雕是一种文化，更是一种底蕴深厚的文化。首先，各个朝代的石雕风格、造型、服饰、神态、刀法等各不相同；再者，年代不同风化度也不同，这些都需要很深的专业知识，也是一种高难度的技术活儿。这种仿制的目的是追求艺术效果，而不是仿古趋利行为，与以赢利为目的、带有欺骗性质的造假有本质的区别。仿古石雕艺人们没几个进过高等学府，都是在实践中不断摸索、逐步掌握相关技艺的，有的石雕艺人的技术甚至已超过了专家。

雄县的仿古石雕，既有神采各异的十二生肖，也有惟妙惟肖的佛像精品；既能体现时代特征，又有古老粗犷的韵味。

张岗仿古石雕产业，从无到有，从小到大，从遮遮掩掩到正大光明，使张岗乡从穷乡僻壤发展成为“中国仿古石雕文化之乡”。石雕产品走出了张岗，走出了雄县，走进了北京，走向了全国，也走向了世界。仿古石雕造就了一批企业家、一批艺术家和一个产业的同时，更造就了一种石雕文化，造就了一种工匠精神。

2016年，中共张岗乡党委、张岗乡政府因势筹谋，酝酿举办首届“中国仿古石雕（古玩）文化艺术节”，酝酿创建“中国仿古石雕（古玩）文化特色小镇”，并做了大量前期工作。2017年4月1日，雄安新区成立，“中国仿古石雕文化之乡”迎来了千载难逢的发展机遇，借着这股强大的东风，仿古石雕艺术必将焕发出更加璀璨的光芒，成为雄安新区一道靓丽的风景线！

（本节为雄县作家宋忠臣先生所著）

七、雄县剪纸

雄县剪纸形成于公元6世纪，在县内广为流传，有广泛的民间基础。传承有序且影响广泛、成绩突出的有里合庄郭扬帆剪纸和瓦桥剪纸。

1.里合庄郭扬帆剪纸

郭扬帆的剪纸，是她在各种生活场景中受到启发后进行的艺术创作。她的剪纸主要有以下几类：

一是逢年过节时的喜庆类剪纸。如立春葫芦、喜鹊登枝、双喜临门等；

二是一些动植物类剪纸。如猫、狗、鸡、虎、狮、龙、凤、孔雀、松、竹、梅等；

三是人物类剪纸。如领袖、名人、英模、普通民众等；

四是一些艺术创作。如《全国人民迎奥运》《维护钓鱼岛》《雄安梦》等，这些创作屡获大奖。

郭扬帆的剪纸源于生活，高于生活，既有充满浓郁乡土气息的传统作品，又有紧跟时代步伐的现代作品，韵味十足，赏

◎ 剪纸作品《雄安梦》

心悦目。

2. 瓦桥剪纸

瓦桥剪纸主要分布在雄县雄州镇南董庄村及雄县其他村落。

瓦桥剪纸是用剪刀剪出的作品，用于装点生活或配合其他民俗活动的民间艺术，又称随手剪。这种剪纸不用提前描样，而是随心所欲，信手剪出各种吉祥图案或文字。

瓦桥剪纸的题材十分广泛，有喜鹊闹梅、有凤来仪、福禄平安、福寿延年、连年有余等各式图案。这些图案造型精美，线条流畅，构思精巧。在不同的时令或重要的日子，剪纸的构图和内容都很有讲究，体现了人们的审美观念和文化追求。

立春时，家家户户要剪出各种葫芦；惊蛰时，人们要剪出一只蝎子和一把张开的剪刀贴在窗户上，意在提醒人们惊蛰过

◎ 剪纸作品

后要小心防范蝎子；婚庆时，人们要剪出各种各样的喜字，贴在门上、窗上、家具上，烘托喜庆气氛。

瓦桥剪纸一般为折叠剪，这是民间最常见的一种制作方法，即经过不同方式折叠剪制而成的剪纸。折叠剪纸折法简明，制作简便，省工省时，造型简约而又有一定变化，尤其适于表现结构对称的形体和图式，如植物、动物图案等。

瓦桥剪纸的主要传承人周小四，自幼受家庭影响学习剪纸，剪纸生涯长达五十多年，是四里八乡公认的剪纸能手。他制作的剪纸花样繁多，植物、动物造型栩栩如生。

八、雄县民间花会

据《保定地方志》载，民间花会在雄县源远流长。中华人民共和国成立前，雄县有舞蹈性花会十三种九十四道，其中具有代表性的有高跷二十一道、钟幡五道、龙灯十三道、霸王鞭八道、叉会七道、花杂八道、五虎少林十六道。

雄县高跷分为板跷、中速跷、快跷三类。板跷特点为迈三

◎ 踩高跷

步退一步，画着圈走，有跳障碍等特技。霸王鞭舞是手持鞭和彩扇，边唱边舞。叉会的主要节目有“大枪叉”“单刺”“单花刺”“拌脖”等十八个。钟幡舞有杂技性质，表演者用牙、头、手、肘等不同部位支撑两丈多高的钟幡，表演“蹿件”“断梁”“挂玉”“一点水”等节目。龙灯舞有单花、双龙、长龙、一条半龙之争，长者可达九丈九尺（大营村）；一人持彩球戏龙作舞；表演节目有“单跳尾”“双跳尾”“凤凰展翅”“鲤鱼跳龙门”等。钹舞又称舞吵子，二十四副大钹一齐舞动敲击。

目前，雄县已有六十多道花会得到恢复，逢年过节时，这些花会都会吸引大批的群众驻足观看，十分热闹。

雄县花会主要分为文、武两大类。文会主要是音乐会，主

◎ 邢村古乐

要以笙、管、笛、（云）锣与鼓、钹、铙、小钹、铛子交替演奏。音乐会有坐棚和走街两种形式。十番会和吵子会也当在音乐会之列，不过吵子会也有文、武之分（这个武与后文的武不同）。边打边舞蹈的称为武吵子。还有些以演唱为表演形式的歌、舞类花会，如跑旱船、大秧歌等，也属文会。

武会不仅包括五虎会、少林会等武术会，还包括龙灯会、叉会、狮子会和高跷会等；再者如花子会，是两人抬着杠子，表演者扮成花子官，以杠子当轿子，也属于武会。

其他类的花会还有盒子会、灯笼会等。

每年的花会表演，都是献给广大人民群众的一道道文化盛宴。

◎ 跑驴子

第四单元　希望之城

雄安——您好

认真朗读下面这首诗歌，读给同学和爸爸妈妈听，并在地图上找一找雄安新区在哪里。

4月1日
雄安新区的一声春雷
在白洋淀上空久久回响
我的小弟弟
手托着腮
眨着眼睛
在地图上找啊找
雄安——
你在哪里
小兵张嘎眯着眼

笑而不语
古战道的青砖
忙着把精彩的故事讲起
大清河像旖旎的彩带
带着两岸的村庄
飘舞着春天的信息

小弟说
雄安——你真神奇
我真想用春雨涂抹成彩虹
和你滑滑梯
我好想摘下一朵白云
蘸着荷叶上滚动的露珠
把你的荷花染红
把你的苇叶擦绿
我还想用温柔的春风
把你的传说
徐徐地吹向远方的天空和大地

我说
雄安——你真美丽
瓦桥夜月静静地作诗
易水秋声默默地作画

张伟明 摄

◎ 雄县县城夜景　郑金茹 摄

雄山晚照挽着谁的相思
把望山云树羞得静默无语
天遗宝镜的传说
被小野鸭衔着
在大淀里到处跑来跑去
……

雄安啊
我要用芦苇当笔
蘸着白洋淀的波涛

把大淀捧着朝阳的日出

连同一淀荷香

画成一幅画卷

献给朝气蓬勃的你

雄安——您早

雄安——您好